TRAITÉ

SUR

LA PHYSIONOMIE.

TRAITÉ

SUR

LA PHYSIONOMIE,

Par le Sophiste ADAMANTIUS,

OU

EXTRAIT

DES PHILOSOPHES ANCIENS

ET

DES PHYSIONOMISTES MODERNES;

SUIVI

D'UN ÉLOGE DE LAVATER

COMPARÉ AVEC DIDEROT,

Par M. MEISTER.

A PARIS,

Chez CUSSAC, Imprimeur-Libraire,
Rue Croix-des-Petits-Champs, N°. 23.

AVIS DE L'IMPRIMEUR,

Au Lecteur instruit.

Ce n'est pas ici un Traité de géomancie ni de chiromancie tels que les quinzième & seizième siècles en ont vu paraître, mais un résultat d'observations sur l'homme, & les rapports entre le corps & l'ame.

Ce petit Ouvrage n'est qu'une légère esquisse des différents traits de l'homme ; cependant avec ce secours le Physionomiste pourra connaître tous ses semblables, de quelque pays & de quelque nation qu'ils soient ; sur-tout s'il n'est pas trop légèrement crédule, & que la maturité & une longue réflexion accompagnent ses jugemens. Qu'il pèse chaque trait, ses propriétés, les manières différentes dont il est combiné dans les différents individus, qu'il sache distinguer le plus ou le moins d'autorité qu'ils peuvent avoir ;

A

enfin que son jugement soit appuyé du suffrage du plus grand nombre de signes.

Les gens de bien pourront, avec ces observations, se choisir des amis ou des gens de confiance si difficiles à trouver, & les méchants pourront reconnaître leurs semblables. Ce petit Ouvrage est tombé sous ma main, & j'ai cru, en le publiant, rendre un service essentiel à mes Concitoyens.

———————

PRÉFACE

Du Sophiste Adamantius.

J'AI puisé dans Aristote les principes de l'art que je vais traiter ; c'est lui qui m'a fourni la plus grande partie de mes matériaux ; j'ai réduis mes préceptes en pratique ; enfin, après un fréquent usage & une longue étude de la société, je me suis décidé à placer dans ce petit Ouvrage, comme dans une enceinte sacrée, ce monument de mon zèle, qui pourra être de la plus grande utilité à nos descendants.

La physionomie n'a pas besoin du secours de la voix pour se faire entendre, elle a son langage particulier, & ses signes sont l'expression non équivoque du caractère & de l'intérieur.

Dans le corps de mon Ouvrage, je n'ai fait que donner plus d'étendue à ce qu'un auteur avait dit avant moi. C'était un secours à la portée de tout le monde, & que je n'ai pas craint de m'approprier, du reſte je me ſuis contenté d'y ajouter le peu de connaiſſances que j'ai pu acquérir, & que j'ai jetté à meſure ſur le papier. Je voulais laiſſer à d'autres après moi le ſoin de donner au public ce petit Recueil de recherches intéreſſantes, & même précieuſes pour quelques lecteurs curieux de s'inſtruire; car de toutes mes productions je ne voulus jamais en publier aucunes. Je me défiois avec raiſon de la malignité, effet immanquable de la jalouſie toujours plus redoutable aux vivants, & qui d'ordinaire s'acharne avec plus de force contre les productions ſérieuſes & utiles.

Mais vous ne m'eutes pas plutôt témoigné, Conſtance, quelque déſir que je vous donnaſſe cette marque de mon attachement, que ſans écouter ma répugnance, ni les ſentiments que j'avais ſuivis juſques-là, j'ai publié mon Ouvrage; le penchant & la volonté ſe taiſent ſans peine, quand la reconnaiſſance & l'amitié parlent au cœur.

S'il eſt des découvertes dont les auteurs

nous femblent avoir eu quelque chofe de
plus qu'humain, c'eft fans doute celle de
l'art que je vais traiter & qui fera une
fource d'avantages fans nombres pour ceux
qui voudront fe livrer à fon étude.

S'agit-il de déplacer un dépôt, de con-
fier fa femme ou fes enfants, ou même de
former les liaifons les plus ordinaires, on fe
gardera bien de s'adreffer à quelqu'un dont
la phyfionomie trop fincère dévoile de la
baffeffe dans les fentiments, de la noirceur
dans les intentions, & nulle fûreté dans le
commerce de la vie.

Ainfi c'eft un oracle infaillible émané de
la Divinité même, entendu du feul phyfionomifte à qui il révèle fes intentions & le
caractère de fes femblables. Avec un pareil
guide on ne peut choifir que des amis fûrs
& vertueux, & on n'a pas befoin d'apprendre à l'école de l'expérience à fe garantir
des dangéreufes intrigues du méchant.

C'eft pourquoi le fage doit donner tous
fes foins à la théorie de mon art; mais
dans la pratique qu'il ait égard aux chan-

gements que la différence des âges & des
pays fait fubir aux traits ; car dans plufieurs
individus ces fignes fe trouvent en contra-
diction , & quoiqu'alois même l'expreffion
de la figure ne foit pas équivoque, cependant on prononce plus fûrement quand ils
fe trouvent d'accord.

En effet on peut fans peine connaître
le caractère d'un peuple , en étudiant celui
des différentes claffes qui le compofent.
Chaque nation a fes fignes, mais en petit
nombre. Les Égyptiens ont les leurs , ainfi
que les autres peuples ; & c'eft d'après eux
que le phyfionomifte prononce. Tous les
hommes , les Arabes comme les Scythes
ont certains caractères nationaux, comme
j'aurai lieu d'en parler dans la fuite.

Dans les individus la phyfionomie éprouve
de bien plus grandes variations ; il eft cependant bien plus important de connaître
les différences particulières , que celles qui
font générales & communes à une nation
entière C'eft ce détail prefqu'infini qui fait
toute la difficulté de notre art. Ayez foin

de choifir les fignes les plus apparents &
les mieux prononcés : il ne faut pas croire
à tous également ; leur autorité & leur
vertu n'eft pas à beaucoup près la même.
C'eft ce mélange de fignes divers qui in-
troduit le plus d'irrégularité & d'exceptions
dans nos principes ; car c'eft là précifément
ce qui fait connaître les paffions & les projets
d es hommes.

Les différentes affections de l'ame changent quelquefois tout-à-fait la figure, la joie,
la douleur, le repentir, la colère avant
& après les accès. Quelqu'un réfléchit-il,
écoute-t-il, regarde-t-il, fa phyfionomie
vous le dit affez. Elle ne fe taît ni fur
l'état de l'ame, ni fur l'état du corps ; car
voyez un homme à jeun, fon vifage vous
dit qu'il fouffre de la faim.

Cependant la figure ne fe décompofe
pas également dans tous les hommes ; les
changements qui s'y font varient autant
que les fujets. Mais toutes les fois qu'un
homme porte fur fa figure le figne évident
d'une paffion quelconque, décidez à coup

sûr qu'il a dans l'ame ce qu'il porte à l'extérieur.

Quelqu'un, par exemple, porte-t il les marques d'un homme réfléchi ; il est sans difficulté de bon conseil , mais inquiet. Un autre annonce-t-il sur sa figure une ame servile , portée au mensonge & à la tromperie, ne vous fiez jamais à sa bonne foi.

De même aussi un homme ne se fut-il jamais mis en colère devant vous , s'il porte les signes évidents de cette passion, prononcez hardiment qu'il est colère. Il en est de même pour les autres passions.

Des regards voluptueux où respire la langueur & le plaisir prouvent qu'on aime les femmes, qu'on est audacieux, impudent, porté à la jalousie , à la tromperie & à tous les vices, effets ordinaires de cette passion.

Ceux qui, dans leur jeunesse, ont quelque chose de vieux dans la figure, sont craintifs, soupçonneux, d'une humeur difficile & craignant la dépense, mais prudents en même-temps & de bon conseil; en un

mot, ils ont le bien & le mal du vieil âge.
Comme auffi les vieillards qui ont encore
l'air jeune aiment les enfants & les ris, font
fimples & connaiffent peu le mal; ils con-
fervent le caractère de l'âge dont-ils ont
confervé la figure.

Il fe trouve dans quelques perfonnes des
traits d'oifeaux ou d'animaux analogues
aux paffions qu'ils peignent, & quoiqu'ils
ne foient ni parfaitement exacts, ni très-
bien prononcés; ils le font cependant autant
que la figure de l'homme peut fe prêter à
cette conformité.

Le phyfionomifte qui trouve dans le
même homme de pareils traits raffemblés,
doit fonder là-deffus fon jugement; car la
phyfionomie eft fufceptible d'autant de
fignes différents, que l'ame de paffions
différentes. La refpiration, le fon de la
voix, la peau, rien n'eft muet pour le
phyfionomifte. Le plus grand nombre de
fignes ou même tous, fe trouvent réunis
dans les yeux. Ce font deux ouvertures
par lefquelles l'ame fe montre. Il faut exa-

miner avec une fcrupulenfe attention ceux qui peuvent s'y rencontrer ; étant fi petits, leurs différences font effentielles.

Sur-tout ne prévenez jamais celui dont vous voulez étudier la figure, de peur qu'il ne cherche à contrefaire fes traits, & ne dérange les fignes naturels.

TRAITÉ

SUR

LA PHYSIONOMIE.

I.

OBSERVATIONS GÉNÉRALES.

JE ne prétends pas ici retracer aux yeux de mes lecteurs cette variété incroyable de traits & de signes que la nature combine avec tant d'art dans les differents individus ; il suffira de rassembler quelques portraits plus remarquables & plus ordinaires ; ceux-ci une fois connus, meneront à la connaissance de tous les autres.

L'homme vigoureux & brave a le corps droit, les membres bien placés, les articulations & toutes les extrémités nerveuses, de gros os, mais sans roideur ; il a le ventre plat, les épaules en arrière, les poulmons très-ouverts, la poitrine & le dos vigoureux, la jambe seche, les cuisses assez grosses, les environs de la cheville & tout le pied secs & nerveux ; la peau saine & ferme, le regard vif ;

les yeux ni trop grands , ni trop ouverts ; doivent
être humides , & foutenir fans peine l'éclat du jour.
Que fes fourcils foient bien proportionnés , que
fon front ne foit ni toujours ridé , ni toujours dans
fon état naturel ; fa voix doit être forte & avoir
même quelque chofe de rude ; fa refpiration doit
être foutenue ; à ces traits vous reconnaîtrez l'homme
brave & vigoureux.

Le lâche n'eft pas moins reconnaiffable ; une
chevelure molle , un maintien nonchalant , un long
cou , une peau bazannée , des regards troublés ,
des paupiéres agitées , une refpiration incertaine ,
des jambes minces , de grands fourcils , de longues
mains , une poitrine faible , une voix douce &
perçante , vous feront reconnaître la lâcheté &
la faibleffe réunies.

Celui que la nature s'eft plu à former , eft d'une
taille médiocre , fes cheveux font blonds , fa peau
d'un blanc fans éclat , fes cheveux ni trop frifés ,
ni trop droits , fon maintien eft noble , fon corps
droit , fes membres affez gros , mais fouples &
déliés , fa peau eft douce , mais fans excès ; fes
jambes & fes cuiffes annoncent l'embonpoint ; les
mufcles & les nerfs font fortement prononcés fur
fes mains & fur fes pieds ; fes doigts font bien
proportionnés , bien arrondis & fort fouples ; fon
vifage ni trop maigre , ni trop plein , annonce la
fanté ; les yeux humides & brillants refpirent la

joie & la gaieté. Un extérieur fi favorable annonce
le plus heureux naturel.

L'homme ftupide & fans ouverture, a la peau
très-blanche, le ventre fort gros, tous les membres
gras & charnus, les articulations fort petites, les
épaules étroites & ferrées, le cou de travers &
fort gros, toutes les extrémités mal faites, de groffes
joues, le front bombé, un regard inanimé & fans
expreffion.

L'impudent a toujours les yeux levés ; fes paupiéres épaiffes ne fe ferment jamais ; il a le regard
vif, le pied court, le nez gros ; il fe redreffe
toujours & regarde en face ; il eft ordinairement
roux & a la voix perçante.

L'homme grave parle fententieufement, marche
à petits pas ; fes paupiéres s'ouvrent & fe ferment
régulièrement & par intervalles ; fes yeux ne font
ni humides, ni brillants, ils n'annoncent pas la
gaieté ; fouvent vous le verrez rougir.

La gaieté naturelle s'annonce par un vifage affez
plein, un front plat & uni, un air un peu froid,
des yeux très - brillants & humides, un regard indifférent, des manières nonchalantes, & une voix douce.

Les gens triftes & chagrins ont le vifage maigre
& décharné, un front ridé ; leurs paupiéres font
fixes & immobiles, leurs fourcils fe touchent, leurs

geftes & tout leur maintien annonce la langueur & l'épuifement.

L'efféminé a les yeux humides , le regard impudent , les prunelles dans une agitation perpétuelle , les fourcils immobiles , le cou penché , fes membres & fes flancs fo nt tremblants & agités ; il retire fon front & fes fourcils , frotte continuellement fes mains ; il faute & fe balance en marchant ; vous le voyez fe contempler & s'admirer fans ceffe ; fes genoux ; trop faibles , plient fous lui ; fa voix eft perçante , mais étouffée & languiffante.

Le méchant eft ordinairement maigre & pâle ; il a l'œil fec , le regard dur , le front ridé , un gros fon de voix , la refpiration fréquente ; fes mains , toujours levées , font fans ceffe en mouvement ; fes jambes tremblent fous lui.

La douceur s'annonce bien différemment ; tout l'extérieur annonce la vigueur , le corps eft fain & bien portant , la peau eft douce , les membres font ordinairement bien proportionnés , le regard eft affable & tranquille , le mouvement des yeux fort lent , la voix agréable ; les cheveux plantés un peu en avant , doivent s'avancer fur le front.

Le moqueur a le contour des yeux enflé , le regard aimable , la voix baffe , la démarche aifée & gracieufe , fes mouvements & fes geftes font étudiés & faits avec art.

L'avare eft roux ordinairement ; il a de petits membres , une petite tête, de petits yeux , marche à petits pas, eft toujours courbé, parle vîte, a une voix aigre & perçante.

Le joueur eft fort velu, fes poils & fes cheveux font noirs & roides , fa barbe eft épaiffe , fes tempes font couvertes de cheveux, fes yeux font humides & brillants : l'homme actif & laborieux a les mêmes fignes.

Dans les animaux il eft aifé de remarquer les nuances que fait fubir à leurs traits leur genre de vie , & la différence de leurs caractères ; parmi ceux de la même efpèce , on reconnaît fans peine ceux qui font privés & ceux qui ne le font pas. L'extérieur des uns eft doux & pofé ; celui des autres annonce la défiance & la malice ; voyez les chevres , les ânes , les chevaux, les beftiaux en général : dans l'état de domefticité, ils portent un ton de douceur & de familiarité ; lorfque au contraire , toujours impétueux & turbulents , la vie fauvage leur donne l'air méchant , & laiffe leur corps dans un état de maigreur , effet du trouble & de l'agitation perpétuelle où ils vivent.

Cette remarque peut s'appliquer aux hommes. Chaque figne de caractère laiffe entrevoir des nuances de douceur ou de dureté ; l'homme jufte & droit s'annonce toujours par les mêmes fignes ; mais l'un a quelque chofe de plus liant & de plus ai-

mable dans l'humeur ; l'autre , roide & inflexible ,
ne connoît aucuns ménagements. La sagesse & le
courage admettent les mêmes modifications ; s'agit-il
d'un homme injuste ou adonné à ses plaisirs, vous
saurez si l'un cherche à couvrir ses injustices des
dehors de la douceur , si l'autre satisfait brutalement
ses passions. Dans les hommes efféminés,ces nuances
sont également sensibles ; ce que j'ai dit doit suffire
pour les distinguer.

La méchanceté se trouve quelquefois réunie à
la folie , ce mélange malheureux a des signes parti-
culiers ; des cheveux longs & roides, la tête étroite
& de travers , l'oreille très-évasée , le cou gros
& rond ; de petits yeux secs , mornes & enfoncés ,
les joues allongées , le menton très-long , la bouche
ouverte & très-fendue, de manière que le visage
semble partagé en deux ; le corps petit & ramassé,
un gros ventre, de grosses jambes ; les mains &
les pieds aussi fort gros, le teint pâle ; & cet ap-
pésantissement & cette langueur ordinaire après le
sommeil ou l'ivresse ; un son de voix aigre mais
impudent.

II.

I I.

DES YEUX.

Les yeux humides & luifants font la marque d'un heureux naturel. Tels font les yeux des enfants. Une grande prunelle eft un figne de fimplicité & de bonhomie ; les petites annoncent de la malice & de la méchanceté ; c'eft ce qu'on peut voir dans les animaux : les ferpents, les finges, les renards, qui tous aiment à nuire, ont la vue fine & perçante. Les beftiaux au contraire, les bœufs, les moutons qui font naturellement doux, ont une large prunelle, & la vue bornée.

L'efprit ne peut être droit & jufte quand la prunelle n'eft pas proportionnée à l'œil.

On reconnaît l'homme injufte à l'inégalité des prunelles : l'injuftice fe décèle auffi par de petits cercles qui entourent la prunelle ; ce figne fe trouve quelquefois placé au-deffus des paupières, où il paraît en forme de nuage fombre ou de couleur plombée, preuve certaine de la colère de quelque particulier acharné à vous perfécuter & à vous perdre. Mais quand ils font placés, comme je l'ai déjà dit, autour de la prunelle, examinez fi leur mouvement eft toujours le même ; car alors on a commis un crime ou un acte d'injuftice, on a maf-

B

facré un de fes proches, fatisfait une paſſion hon-
teuſe & illicite, ou renouvellé l'horrible feſtin de
Thyeſte. Mais fi dans leur révolution ces petits
orbes reviennent fur eux-mêmes, s'arrêtent, &
puis fe remettent en mouvement, c'eſt qu'on couve
quelque projet injuſte qu'on n'a pas encore exé-
cuté; & que tantôt on eſt fur le point d'entreprendre, ou que tantôt on eſt retenu par la crainte
ou la nonchalance.

Les yeux élevés & fixes font toujours de mau-
vaiſe augure; s'ils font humides, ils annoncent
de la puſillanimité; s'ils font fecs, c'eſt de la folie;
s'ils font mornes & pâles, c'eſt de la ſtupidité. Il
faut fe défier de ceux qui relevent fouvent leurs
fourcils & reprennent fouvent leur haleine; car ils
font vindicatifs, cruels & méchants. Des yeux
rougeâtres & fixes annoncent un penchant violent
pour la bonne chère & les plaiſirs de la table.
Quand ils ne font ni baiſſés ni élevés, & font
marqués de rouge, ils marquent un homme impudent,
injuſte, dur & infatiable. De petits yeux élevés
font ceux de l'avare & de l'homme avide de
gain. Les perſonnes qui favent ramener en avant
le front & les fourcils, font ordinairement ruſées
& adroites. Quand avec les ſignes précédents on
contracte fes membres, on annonce de plus de la
colère. Quant aux yeux bleus, fixes & fans éclat,
défiez-vous-en, gardez-vous d'avoir un pareil ami,

ne l'ayez ni pour voifin, ni pour concitoyen.
Au milieu de la joie de fes amis, le traitre ne
veille que pour faire le mal & établir fa fortune
fur les débris de la leur. De petits yeux humides
& élevés, des paupiéres en mouvement, des
fourcils froncés, marquent un homme inquiet,
curieux d'apprendre & de s'inftruire ; dans cette
claffe d'yeux, ce font là les plus favorables.

Les yeux dont le mouvement eft rapide, marquent un homme turbulent, foupçonneux, défiant,
agiffant peu, mais toujours prêt à agir ; ceux qui
remuent à-la-fois les fourcils & les yeux, font
ordinairement lâches & fans cœur ; ceux au contraire qui, laiffant leurs paupiéres immobiles, remuent les yeux avec rapidité, font audacieux &
intrépides dans le danger. S'ils les remuent avec
lenteur, ils font mous, lâches, infenfibles, difficiles à mettre en action ; mais une fois excités,
rien ne peut les arrêter. En un mot il y a du plus
& du moins dans ces différentes qualités, comme
dans le mouvement des yeux. Les yeux égarés &
fombres font le figne de la folie ; de grands yeux
tremblants font l'indice affez sûr d'un fou ou d'un
hébété, d'un homme efclave de fon ventre, &
de fon appétit infatiable. De petits yeux bleus &
tremblants annoncent l'impudence, l'injuftice, la
défiance, une envie baffe qui nous fait voir avec
plaifir les malheurs de nos femblables. De petits

B 2

yeux jeaunâtres ou noirs difent à peu près la même chofe ; les premiers cependant marquent un homme incapable, irréfolu ; les autres, un homme impudent & colère. Ceux dont la lymphe eft très-abondante, femblent ne refpirer que les plaifirs & les douceurs de l'amour ; ils ne font ni malfaifants, ni injuftes ; ils aiment les mufes, & font d'un heureux naturel.

Les yeux bleus & de très-petites prunelles font la marque la plus certaine d'une ame vile & intéreffée ; quand ils font un peu fecs, ils annoncent un naturel agrefte & des paffions brutales, mais alors ils tirent beaucoup fur le verd ; quand ils font de couleur plombée, ils font toujours humides, & font d'un très-heureux préfage. De grands yeux humides & fains, mais fans éclat, marquent une belle ame & un homme plein de cœur. La foibleffe & la pufillanimité fe trouvent peintes dans ceux dont le bleu eft foible & tire fur le blanc. Au refte il ne faut jamais fe décider que d'après le réfultat de tous les fignes enfemble.

Les yeux tachetés font prefque toujours jaunâtres. Rarement ils font bleus ; cependant nous ne parlerons ici que des derniers.

Quand il fe trouve autour de la prunelle de petits points de couleur plombée, & une autre rangée femblable de couleur dorée & parallèle à la première, de manière qu'elle forme une efpèce

de collier autour de la prunelle , c'est-là la marque
d'un caractère trompeur & fourbe , d'un homme
plein d'intelligence & de préfence d'efprit , mais
fans audace. Quand les yeux font tachetés & petits ,
c'est qu'on est adroit , rampant , propre à capter
les bonnes graces des grands, qu'on aime à faire
tout avec myftère , & que dans les actions même
indifférentes , le fecret plait beaucoup plus que la
publicité ; c'est que la foif du gain est le feul mobile de toutes les actions & ne peut-être maitrifée
que par la crainte , car en cela ils ne cèdent en rien
aux animaux les plus timides. Ces mêmes yeux font
du plus heureux préfage quand ils font pofés & tranquilles. Les yeux toujours dirigés en haut , annoncent
de l'extravagance ou de la ftupidité , une avidité bru-
tale pour le boire & le manger. C'est auffi là l'indice de la maladie que les Grecs appellent facrée.
Quand aux fignes précédents fe joint un tremble-
ment involontaire , c'est que le mal est fur le point
de fe déclarer. Quand les yeux font pâles , on
est alors cruel & fanguinaire ; quand ils tirent fur
le rouge , ils annoncent la paffion du jeu & des
femmes , des mœurs débordées , quelquefois même
de l'extravagance , & nulle fuite ni dans les dif-
cours, ni dans les idées. Quand les deux yeux
font baiffés à-la-fois , ils difent à peu près la même
chofe que quand ils font dirigés en haut. Mais
quand l'un est baiffé , & que l'autre au contraire
est levé , & que les fourcils fe retirent , c'est qu'alors

B 3

on eſt arrivé au dernier période de la maladie dont
j'ai parlé.

Quand les yeux ſont tournés, tout dépend de
leur poſition reſpective : quand ils ſont tournés à
droite, c'eſt de la folie ; à gauche, du libertinage.
S'ils ſe croiſent mutuellement en ſe réuniſſant vers
le nez, on n'eſt ennemi ni de Vénus, ni des
Muſes ; s'ils ſont ſecs, très-ouverts & immobiles,
ils ſont injuſtes, méchants, ſans pudeur, & également odieux à Vénus & aux Muſes ; s'ils ſont
ſujets à trembler, ils ſont malfaiſants & capables
de tout oſer.

Les yeux jaunes ne ſont diſtingués des yeux
noirs que par les petites taches auxquelles les
premiers ſont ſujets. Ils ont tous beaucoup de
qualités. Les yeux noirs marquent un homme ſans
cœur, infidèle & intéreſſé ; auſſi bien que les yeux
jaunes, quand ils ſont environnés d'une raie noire,
ce qu'il eſt aiſé d'obſerver. Mais en examinant
avec beaucoup de ſoins, on y apperçoit différents
petits points de couleur de feu, d'autres de blan-
cheur différente, d'autres plus pâles, d'autres enfin
dont la pâleur eſt relevée par une légère teinture
de rouge ou de noir. Il y a des perſonnes chez
qui l'on ne voit point ces petites taches ; mais
dont la prunelle eſt entièrement noire, & les parois
qui l'entourent, d'un jaune doré ; dans d'autres,
il tire ſur le blanc ; dans les yeux noirs, il n'eſt

jamais bien prononcé. Quand le noir seul domine ;
il annonce une ame bien née , de l'esprit , un cœur
droit & vertueux Quand ces petites taches , rondes
& dorées ordinairement , font quarées & rougeatres,
quand elles font entremêlées de point pâles ou
bleus , & quand le cercle qui entoure la prunelle
est-couleur de fang ou de couleur plombée , toutes
ces marques réunies annoncent le comble de la
méchanceté ; cependant les plus à craindre font
ces yeux très-ouverts , étincelants & agards comme
ceux d'un homme en colère. C'est-là le regard du
loup, du fanglier , & des animaux encore plus
cruels & plus voraces que ceux-là.

Dans les yeux jeaunâtres , comme ceux de l'aigle
& du lion , quand les petites lentilles formées
dans l'iris, font d'égale grandeur , elles marquent
une humeur fauvage & colère , beaucoup d'arro-
gance & point de mœurs. Sont-elles inégales ? le
caractère est plus aifé , les manières font plus douces.
Les premiers font toujours craintifs ; les autres ,
toujours flottants & irréfolus ; ont plus de chaleur
dans l'action.

Quand le contour de l'iris est de différentes cou-
leurs ; le caractère est faux & trompeur. L'iris
est-il couleur de fang , examinez le cercle qui l'en-
vironne ; une raie étroite & noire , mais tachetée
de feu , une cornée humide, quand à cela ne fe
joint aucun figne défavorable , vous annoncent une
ame grande , de l'esprit, de la droiture , mais une

paffion honteufe pour les jeunes gens ; fi la raïe étoit verdâtre, ce feroit au contraire de la fauffeté, du penchant pour l'injuftice & les rapines, & la paffion des femmes portée jufqu'à la fureur. Une cornée féche, un iris entouré de diverfes nuances formant une efpèce d'arc - en - ciel, marquent un extravagant. Si l'œil eft humide, l'éloquence, la droiture, le courage fe trouvent alors heureufement réunis.

Il y a fort peu de bien à dire des yeux creux, ils ne font cependant pas de très - mauvaife au= gure, quand ils font très-grands, très-ouverts, & qu'ils n'ont du refte aucun figne fâcheux ; car leur défaut eft en quelque façon compenfé par la grandeur & l'humidité de la cornée. Ceux dont les yeux font petits & enfoncés, font fourbes, traitres, rongés d'ambition & de jaloufie. S'ils font fecs, ils annoncent la trahifon & la mauvaife foi. Les yeux cachés, roulant au fond de leurs orbes, font ceux du trompeur ; humides, ils font une preuve d'extravagance.

Les yeux fortants, font affez finiftres, foit qu'au contour de l'œil il y ait une efpèce d'enflure & de groffeur, foit qu'on y voie un petit creux & un enfoncement, ils marquent de la mauvaife foi. Élevés, ils annoncent un fou ; très - ouverts & couleur de fang, un buveur & un parafite. Quand

ils font bleus ; on a peu d'efprit , on eft injufte.
S'ils font couverts de fourcils épais , c'eft alors
plus que de la folie. Les yeux petits & enflés font
ceux de ces hommes dénaturés qui ont portéune main
fanglante fur un père , une mère , ou fur leurs enfans.
Des yeux fains , élevés & pleins d'éclat , mais
auffi très - humides , prouvent de la droiture , de
l'efprit , de l'avidité pour les fciences , & des paffions
vives. Tels étoient ceux de Socrate. Quand ils
femblent fortir du vifage , ils annoncent un homme
fenfé , auffi maître de fa langue que de fes paffions.

De petits yeux toujours en mouvement , décèlent les mauvais defleins & la tromperie ; s'ils
font grands , la folie & la ftupidité ; ceux qui , par
la vivacité de leur mouvement , femblent toujours
prêts à fortir de leurs orbes , font affez défavantageux , à moins qu'ils ne foient affez grands , humides & très éclatants , car ils marquent un homme
magnifique dans fon extérieur , grand dans fes fentiments , capable de concevoir & d'exécuter les
projets les plus hardis ; également extraordinaire
pour la grandeur d'ame & pour l'audace , mais
intempérant , colère , plein de fafte & de vanité ;
en un mot , plus avide de gloire que n'eft le
commun des hommes. Tel étoit Alexandre de
Macédoine. Les yeux dont le contour eft enflé ,
annoncent un caractère odieux , des fentiments

barbares , un goût effréné pour la bonne chère
& la débauche , une paſſion violente pour la mu-
ſique. Les autres ſignes vous feront conjecturer le
reſte. Les yeux d'un brun terne & ſombre , quand
les ſignes intérieurs ſont d'accord , marquent beaucoup d'audace , mais nulle droiture , nulle bonne foi.

Les yeux ſombres ſemblent prédire le malheur ,
quand ils ſont ſecs , il faut s'en défier. Si , avec
cela , ils ſont petits , on eſt trompeur , irréſolu ,
occupé de trahiſons & de projets ſiniſtres. Quand
ils ſont humides & d'une grandeur médiocre , ils
annoncent un homme inquiet , curieux , timide ,
conſtant , ſage dans ſes précautions , meſuré dans
ſes dépenſes , & né avec du talent pour les ſciences.
Les yeux enveloppés d'une eſpèce de nuage ,
marquent une ame bâſſe & une conduite débordée.

Les yeux au contraire très - brillants , ſont les
plus favorables , & annoncent le meilleur naturel ,
ſi toutefois il n'y a aucun indice fâcheux , car il
faut deſcendre dans tous les détails avec la plus
ſcrupuleuſe attention.

Les yeux pétillants & pleins de feu , ne ſont
pas de très-bonne marque ; car l'éclat dans les yeux
ou bleus ou rougeâtres , annonce une audace &
une impétuoſité qui approche de l'extravagance ;
dans les yeux jaunes , il annonce une timidité qui

fait craindre tout & se défier de tout. Des yeux
noirs & pétillants, sont ceux des hommes craintifs,
méchants, & toujours occupés à nuire. Quand
avec cela ils sont riants, c'est le comble de la méchanceté. Craignez ceux dont le regard est farouche.
Une cornée humide prouve l'injustice & la méchanceté; si elle est sèche, elle annonce un homme
extravagant, brave, vigoureux, prompt à parler
comme à agir, imprudent, infatigable, ennemi
du faste & de la mollesse. De petits yeux creux
& pétillants sont plus mauvais encore, car ils réunissent
la cruauté, la trahison, la mauvaise foi, & une
avarice insatiable. Des sourcils épais & hérissés,
des paupières toujours élevées, marquent de la
vigueur & de la bonté. Ceux qui on le regard
dur, mais n'ont ni les sourcils ni les paupières dont
je viens de parler, sont les plus à craindre & les
plus malheureusement nés.

Les yeux qui ne respirent que le plaisir & les
ris, ne sont pas toujours innocents. C'est quelquefois là la marque d'un homme caché & plein
de projets criminels. Les plus défavorables sont
ceux qui ont le regard riant & en-dessous & la cornée
sèche. Quand avec cela ils sont creux, ils annoncent quelqu'un qui épie l'occasion de faire le
mal. Si les autres parties du visage, telles que le
front, les sourcils, les joues, semblent d'accord
avec les yeux pour donner un signe de joie, c'est

du plus mauvais augure. Ce ris ; mal prononcé ;
cache des intentions noires, des vues injuftes.

Quand les yeux fe referment fouvent & font
trop foibles pour fupporter l'éclat du jour, c'eft
qu'on médite quelque injuftice ; quand ils font
très-ouverts, c'eft qu'elle eft déjà commife.
Les yeux très-riants annoncent plus de fauffeté
& de noirceur, quand ils font fecs ; s'ils font humides, ils prouvent un caractère fans vices &
fans méchanceté, imprudent, très-froid, inconftant
& fans principes. Des paupiéres baiffées, un front
uni & large, des yeux humides & riants font
l'indice certain d'un caractère grand, d'un cœur
droit, d'un efprit jufte & pénétrant ; joignez à cela
de l'amour pour les Dieux, le refpect pour les
droits facrés de l'hofpitalité, mais auffi une fen-
fibilité trop vive & trop foible d'ordinaire pour
réfifter à la force des paffions.

Les yeux humides, mais fombres & farouches,
peignent l'induftrie, un efprit toujours actif & inquiet. Si les fourcils fe rapprochent & s'entrela-
cent, & fi le front eft très-ouvert, c'eft prefque
toujours la marque d'un homme fûr & fidèle,
bon, généreux & fenfé. Des yeux fecs, un regard trifte & morne, annoncent le malheur &
la défolation. Défiez-vous des projets d'un homme
dont le front eft ridé & rétréci, dont l'œil eft

foible & les fourcils élevés ; il eſt en état de tout
entreprendre, rien ne peut effrayer ſon audace.

Les yeux qui ne peuvent reſter ouverts à la
clarté du jour, ſont ceux des traîtres & des filoux.
Quand ils ſont humides, ils indiquent un homme
actif & inquiet. S'ils ſont pâles & tremblants, c'eſt
le ſymptôme de la folie ou du haut-mal.

Quant aux yeux poſés & tranquilles, remar-
quez leur ſituation. Si au moment qu'ils ſe referment ils ſont baiſſés, ils annoncent un fou & un
libertin ; ſi non, ils marquent un homme ſage,
prudent, curieux de s'inſtruire, un caractère doux,
& beaucoup de ſenſibilité ; ſi toutefois ils ſont
grands & pleins d'éclat, & que le front ſoit uni.
Car s'ils étoient ſecs & petits, ils annonceroient
de l'audace, de l'injuſtice & de la noirceur. Ceux
dont le front eſt ridé, dont les ſourcils ſe touchent
& ſont fort épais, ont quelque choſe de dur dans
le caractère, & beaucoup plus d'audace ; ils ſont
très-ſenſibles aux éloges qu'on leur prodigue, &
réſiſtent rarement à l'appas des préſents. Ceux
qui ne peuvent fixer un objet, & dont les paupiéres ſont toujours en mouvement, affectent les
manières des hommes, quoiqu'ils reſſemblent aux
femmes par leur molleſſe.

Les yeux très-ouverts & immobiles annoncent
la réflexion ou le repentir : au reſte, ce que nous

avons dit fur les yeux fecs ou humides, fombres ;
brillants, grands ou petits, creux ou fortants,
doux, foibles, & fur leurs différentes qualités,
fuffit pour pouvoir prononcer de foi-même : avec
les leçons que nous venons de donner, on eft
en état d'affeoir un jugement fûr. Les yeux toujours
ouverts, mais fombres & humides, peignent l'inquiétude ; s'ils ont le regard doux, la droiture &
la bonté fe trouveront réunies ; des yeux fecs, très-
ouverts, pleins d'éclat & riants, marquent l'audace
& l'impudence.

Des yeux brillants, dont le mouvement eft rapide, prouvent de la timidité ; s'il font fecs, ils
vous avertiffent de quelque complot fecret, ou
de quelque fâcheufe intrigue qu'on couve & pré-
pare fous mains. Ils prouvent quelquefois auffi
de la folie, quand ils font on tournés ou pâles.
Ceux au contraire, qui, pofés & tranquilles, ont
dans le regard quelque chofe de dur & de terrible,
femblent toujours chercher à nuire ; fi au contraire
ils font doux, ils marquent de l'inquiétude, un
naturel heureux, de l'ardeur pour la fcience,
quelquefois une paffion qui s'eft emparée du cœur.
Quand ils font pâles ou rougeâtres & fecs en
même temps, ils vous repréfentent la défolation,
les reffentiments, un homme abforbé par le fou-
venir de fes malheurs, victime infortunée de la
jaloufie, en proie aux perfécutions d'un génie

malfaifant. Si les yeux, tels que je viens de les
dépeindre, roulent au fond de leurs orbes, c'eft
le fymptôme du maniaque & du frénétique.

Les yeux font quelquefois couverts d'une taye.
Alors ou elle va de haut en bas, ou de bas en
haut : dans le premier cas, elle marque du penchant à l'ivrognerie ; dans le fecond, un homme
apathique & engourdi ; quand elles font réunies,
ces défauts le font aufi.

Les yeux vifs & perçants, font ceux des vo-
leurs & des féditieux. Les yeux trop foibles pour
fupporter l'éclat du jour, font ceux des hommes
efféminés. Fermer à demi les yeux, puis tourner
fes regards avec un air mou & voluptueux, c'eft
le ton des petits maîtres & des libertins. Si vous
voyez un homme ramener fur fes yeux le milieu
de fes fourcils, de manière que les extrémités
s'éloignent vers le front, jugez à coup fûr qu'il eft dé-
bauché & impudique. Le gefte contraire eft un
aufi fort préjugé contre fes mœurs, que le pré-
cédent.

I I I.

OBSERVATIONS TIRÉES DES AUTRES ORGANES ET PARTIES DU CORPS.

LE Physionomiste, pour asseoir un jugement infaillible, doit, outre cela, examiner scrupuleusement chaque partie du corps, les gestes, la respiration, le son de la voix, tout ce qui peut en un mot donner de nouvelles lumières. Car votre décision ne sera jamais qu'incertaine si elle n'est fondée sur le témoignage de deux ou de plusieurs signes. Il faut la déposition du plus grand nombre, & de ceux qui sont les mieux prononcés ; peu content de cela, examinez si les yeux parlent en votre faveur. Ils sont du plus grand poids. Et quand ils s'accordent avec les autres signes extérieurs, il n'y a plus d'erreur à craindre. L'autorité de tous les signes n'est pas la même, & le voisinage des yeux en fait toute la différence. Le front, le nez, la bouche, les joues, la tête entière, forment à peu près la première classe ; dans la seconde, se trouve le cou & la poitrine ; dans la troisième, les épaules, les mains, les cuisses & les pieds ; dans la dernière est le ventre.

Cependant une des choses qui doit le plus influer dans notre jugement, c'est l'extérieur entier, & l'ensemble de tous les traits épars sur tout le corps Considéré en lui même, il n'est rien ; ce sont les

parties

parties qui le compofent qui lui donnent du poids
& de l'autorité. Auffi eft-ce cela qui doit mettre
le fceau à votre décifion.

Ce qui fe fait le plus remarquer dans l'extérieur ,
c'eft l'air mâle ou efféminé , quelquefois auffi des
traits de reffemblance avec certains animaux.

Leur forme n'eft jamais trompeufe , & dit toujours ce qu'ils font à l'intérieur. Voyez le lion ,
fa force & fon courage ne s'annoncent - ils pas
affez par le feu de fes yeux & la vigueur de fes
membres nerveux. Le léopard eft impétueux , colère , mais traître , & n'attaque que par furprife. Il eft
craintif & audacieux en même temps ; ce mélange
de lâcheté & de courage fe laiffe aifément diftinguer
à fon extérieur. L'ours eft méchant, cruel & fourbe ;
Le fanglier eft violent & impétueux dans fa
colère. Mais le bœuf n'annonce-t-il pas la bonté
& la majefté ? Voyez comme le cheval s'avance
fièrement , & veut qu'on le flatte & qu'on l'ad-
mire. La mauvaife foi & la fourberie font peintes
dans le renard. Le finge eft moqueur , & femble
né pour amufer & faire rire. La brebis annonce
bien la fimplicité ; le bouc , l'extravagance ; le porc ,
l'impureté & la gloutonnerie.

Ce qu'on vient de dire eft également vrai
pour tous les reptiles & pour les oifeaux : ainfi ,
quand dans une perfonne il fe trouve quelque conformité avec un animal , c'eft une donnée que l'ha-

C

bile phyfionomifte ne doit pas négliger. Des yeux
jaunâtres & un peu enfoncés doivent vous rappeller
le regard du lion. S'ils font très-enfoncés, il faut
fe défier de l'intérieur, les yeux du finge en font
foi; s'ils font à fleur de tête, ils reffemblent à ceux du
bœuf. Les yeux de l'âne annoncent l'infolence & la
fotife. Les traits mâles font en général de bien
meilleur augure que les traits efféminés. Les premiers marquent de la grandeur d'ame, de la gé-
nérofité, de la droiture & de la bonté. Les autres au
contraire décèlent des fentiments bas, une humeur
dure & acariâtre, beaucoup de légéreté & un mélange d'audace & de timidité.

La femme a prefque toujours la tête plus petite,
la taille moins haute, les cheveux plus moëlleux,
le front plus étroit, plus d'éclat & de brillant
dans les yeux, le cou plus mince, la poitrine
étroite, & point de flancs. Leurs hanches & leurs
cuiffes font ordinairement fort groffes, leurs jambes
minces, les genoux pointus, leurs mains & leurs
pieds font mieux arrondis & faits avec plus de dé-
licateffe & d'élégance. Il régne dans leur extérieur
l'air de la douceur & une heureufe nonchalance.
Leur peau eft plus unie, leur corps eft plus fouple,
& leurs membres plus flexibles, plaifent par leur
petiteffe, fans cependant être difproportionnés.
Elles ont un fon de voix plus doux & plus clair;
fi elles marchent, c'eft à petits pas. En un mot,

elles ont dans leurs manières & leur contenance, un air d'aisance & de douceur que la nature a entièrement refusé à l'homme. Dans les quadrupèdes, les traits mâles se trouvent rassemblés dans le lion; la panthère au contraire a les défauts & les qualités du sexe opposé. Dans les oiseaux, l'aigle & la perdrix; dans les reptiles, le dragon & la vipére nous présentent au naturel le bien & le mal qui se trouve dans l'un & l'autre sexe.

Les eunuques, quand ils sont nés tels, ont des signes plus défavorables que les autres hommes; ils sont pour la plupart cruels, trompeurs & méchants, les uns plus, les autres moins. Ceux qui sont mutilés pour cet infâme métier, perdent quelquefois les signes naturels, cependant en général les traits distinctifs & de caractère changent rarement.

Les ongles larges & d'un blanc tirant sur le jeaune, sont d'heureux augure; s'ils sont très-longs, étroits & recourbés, ils sont la marque d'un caractère dur & sauvage. Quand ils ne sont pas droits, ils prouvent de l'impudence & du penchant pour les rapines; ils sont aussi quelquefois attachés à la peau, alors ils sont un signe de froideur & d'insensibilité; la méchanceté se décèle par la petitesse des ongles, ou même par leur couleur; car pâles ou noirs ils caractérisent le méchant. Les ongles arrondis sont ceux des libertins; quoique j'aie dit plus haut que la plupart des signes n'avoient d'autorité qu'autant qu'ils s'accordaient entr'eux; cependant les ongles ne doivent pas être mis dans la claffe ordinaire.

Il eft des hommes dont les doigts font attachés naturellement enfemble, mais ce font des êtres vils & impurs; quand les doigts font ramaffés les uns fur les autres, c'eft l'indice d'une ame méchante & intéreffée. De gros doigts très-courts marquent un homme naturellement dur, impétueux & plein d'audace. Très-petits & très-minces, ils annoncent un infenfé. Mais ceux qui font à tous égards les plus à defirer, font longs & bien proportionnés.

Les pieds fouples & nerveux annoncent des fentiments généreux & mâles; les pieds au contraire délicats & potelés annoncent de la molleffe; gros & courts, ils annoncent un homme dur & bourru. Les pieds longs, font ceux des homme intrigants & dangereux. C'eft un figne défavantageux que d'avoir le cou du pied trop élevé; le deffous du pied trop plat & trop uni n'eft guères plus favorable; il faut auffi fe défier de ceux qui s'appuient en marchant fur les chevilles.

L'homme vigoureux a la cheville du pied très-fortante; l'homme efféminé au contraire l'a très-peu prononcée. Mince & petite, elle marque de la lâcheté & des mœurs débordées. Quand elles font très grosses, que le talon est un peu sortant, que les doigts sont courts & contrefaits, que la jambe est aussi très-grosse, elles annoncent un fou ou même un frénétique.

Les jambes bien proportionnées & bien droites sont celles d'un homme vigoureux & bien fait. Faibles & sans nerf elles prouvent un homme lâche & efféminé. Des jambes minces annoncent un mauvais caractère ; quand avec cela elles sont nerveuses, elles marquent de l'intempérance & du dérèglement. Les mollets ridiculement gros annoncent une vie débordée & l'effronterié du vice. La grosseur du mollet ainsi que du talon est l'indice ou d'une ame servile, ou d'un homme ignorant. Ce que nous venons de dire des jambes peut aussi s'appliquer aux cuisses.

Les genoux en dedans marquent la mollesse. Les hanches grosses & charnues annoncent un efféminé ; les os & les nerfs au contraire marquent la force & la vigueur. Quand les hanches sont minces, maigres & comme desséchées, elles prouvent de la méchanceté & de la malice, car telles sont celles du singe.

L'homme vigoureux a ordinairement l'épine du dos forte & sortante ; la femme l'a plus faible & moins prononcée ; quand elle n'est pas arrondie,

C 3

mais qu'elle eſt un peu tranchante, elle marque
de l'inconduite & de la puſillanimité.

Le dos large donne un air de vigueur & de
courage.

Les boſſus ſont rarement eſtimables, à moins
que les autres ſignes ne parlent en leur faveur, &
que la grace des autres membres ne compenſent
cette difformité.

Une taille leſte & ſvelte annonce un chaſſeur.

Des flancs minces & faibles vous peignent un
homme lâche & efféminé. Le contraire marque de
l'incapacité. Quand ils ſont arrondis & ſemblent
enflés, ils annoncent de l'inconſtance & de la méchanceté. La malice, la gloutonnerie & la lâcheté
ſe trouvent réunies quand ils ſont minces & ſemblent vuides.

Les hommes de cœur ont peu de ventre ; un gros
ventre mou & ſans conſiſtance marque peu de ſenſibilité & de l'intempérance pour tous les plaiſirs.
Les autres au contraire ſont ceux des filous & des
gloutons.

Quand il y a plus d'eſpace entre le bas de la
poitrine & le nombril qu'entre la poitrine & le
commencement du cou, c'eſt là l'indice d'un gour-
mand & d'un glouton. Une large poitrine reſpire
la vigueur ; une poitrine étroite annonce de la

petiteſſe dans l'ame: Quand elle eſt graſſe & char-
nue , elle annonce des penchants ignobles. L'embonpoint des buveurs & des ivrognes ſe portent
ſur-tout ſur cette partie-là.

Des reins vigoureux ſont une fort bonne marque ; des reins foibles n'annoncent ni courage , ni
ſentiments. Les gens froids & inſenſibles les ont
ordinairement larges & charnus ; les foux , au
contraire , maigres & étroits. Un dos arrondi
marque de la préſence d'eſprit , & n'eſt pas ſans
grace. Quand il eſt tout-à-fait courbé & que les
épaules rentrent & tombent ſur la poitrine , il marque
un fourbe adroit & dangereux par ſes intrigues.
Le corps plié en deux eſt la contenance ordinaire
des hommes intéreſſés & avares.

Quand la nuque du cou eſt trop ſerrée , elle
marque de l'indolence ou de l'inſenſibilité. Quand
les vertèbres ſont éloignées les unes des autres ,
elles marquent un homme efféminé. Quand les
proportions ſont bien gardées , la bravoure & les
talents ſe trouvent alors réunis.

De groſſes épaules ne ſont pas favorables ; quand
elles ſont vigoureuſes , elles annoncent des ſentiments mâles ; faibles & petites , elles marquent de
la puſillanimité ; quand elles ſont minces & ſe
terminent en pointe , elles ſont un ſigne de mé-

C 4

chanceté ; & de folie quand elles font entièrement molles & énervées.

Si les bras font ridiculement longs, de manière que les mains defcendent jufqu'aux genoux, elles marquent l'indolence & l'inaction ; au contraire quand ils font fi courts qu'en mangeant, la tête eft obligée, pour ainfi dire, d'aller chercher la main, rarement alors l'intérieur eft louable ; car avec cet indice-là, le cœur eft prefque toujours en proie à une jaloufie baffe qui fait défirer le mal d'autrui, & voir avec chagrin fes fuccès : un bras nerveux, un coude où les mufcles font bien prononcés font d'heureux augure ; la maigreur eft un figne de faibleffe ; quand il eft trop gras il marque un caractère indifférent & un efprit bouché.

Des mains délicates & potelées conviennent à un bel homme ; fi elles font rudes & nerveufes, elles marquent de la vigueur ; mais nuls talents pour les fciences. Des mains trop courtes font un figne de folie ; épaiffes & charnues, elles annoncent un être vil & impur ; de petites mains étroites & minces font celles des raviffeurs ; de groffes mains avec des doigts un peu crochus annoncent un homme adroit à filouter : quand elles font courtes & petites, elles marquent de la méchanceté & du penchant à voler ; minces & rudes, elles annoncent un homme fans principes & adonné aux plaifirs de la table.

Un cou long & mince marque de la pufillanimité
& un mauvais caractère ; gros & long , il annonce
un homme colère , fier & fuffifant ; quand il n'eft
ni trop long ni trop gros , mais qu'il eft bien pro-
portionné & nerveux , il prouve de la vigueur ,
du talent pour les fciences , un naturel heureux ,
& fait pour la vertu ; l'homme méchant & intrigant a le cou mince & faible ; le cou toujours
tendu eft un affez mauvais figne , & quand fon
autorité eft confirmée par celle de plufieurs autres ,
on eft ordinairement extravagant ou phrénétique.
Défiez-vous de ceux chez qui les vertèbres du cou
font très-prononcées ; ceux qui ont le cou extrêmement gros , font emportés , fourbes , ftupides &
ineptes pour les fciences ; s'il eft très-court, il annonce
un mélange d'audace & de timidité ; quand la vertèbre
qui joint le cou à l'épine du dos , eft très-fortante ,
c'eft un figne de fierté. Si la peau du cou eft un
peu rude , elle vous indique un ignorant ; fi elle
eft couverte d'afpérités , c'eft la fatuité jointe à
l'ignorance. Un cou roide & immobile annonce
peu de droiture , nulles connaiffances , & avec cela
beaucoup de fuffifance : la roideur du cou eft auffi
quelquefois un figne de folie ; mais cette feule marque ne peut faire foi aux yeux d'un phyfionomifte
prudent.

Quelques perfonnes font exprès de roidir leur
cou, & fe tiennent dans cette fituation forcée , comme

pour résister à leur propre faibleße, & à l'épuiße-
ment qui eft l'effet ordinaire d'une vie trop licen-
tieuße ; ils voudraient par-là cacher aux autres leur
moleße & les ßuites de leur débauche ; mais il eft des
marques involontaires qui les trahißent. La con-
traction des lèvres, le mouvement incertain des
prunelles, l'agitation des flancs, leurs jambes chan-
celantes, leurs mains embarraßées, une voix caßée,
tout parle & dépoße contre cette poßition gênée
& contrefaite. Cette faibleße extrême dans les muß-
cles du cou, qui l'oblige à être toujours penché,
marque ordinairement un homme efféminé & amolli
par les plaißirs, quand les autres ßignes ße réunißent
à dire la même choße.

La ßituation la plus favorable eft celle qui eft la
plus naturelle, & qui tient un jufte milieu. Marcher tête levée ne va qu'à un inßolent, & à un
fat, c'eft quelquefois un excès de moleße, ou
même de la folie. Ceux qui portent le cou penché
& la tête baße, ßont ordinairement fous, rêveurs,
craignent fort la dépenße, & ont en général un
mauvais cœur ; mais ils ßont très-ßobres & ne
donnent dans aucun des excès de la table ; quand
la tête eft penchée du côté droit, elle marque un
homme réfléchi, prudent, économe ; à gauche,
un fou ou un libertin. Toute autre ßituation eft
également défavorable ; car elle marque que le
cerveau eft attaqué ; quand le pharynx eft rude, il

annonce une perfonne fans principes , fans caractère , incapable de fe taire à propos ; quand il eft plus
fortant que le nœud de la gorge , il annonce auffi
beaucoup de frivolité & d'inconféquence , mais plus
de difcrétion ; ces mêmes perfonnes ont auffi plus
de grandeur & d'élévation dans les idées ; mais craignez de les admettre à votre table ; le vin aigrit
leurs chagrins , les rend emportés , furieux , leur
fait concevoir les foupçons les plus injuftes.

Les mentons allongés annoncent en général de
bonnes qualités , mais beaucoup de babil & de
fuffifance : les mentons courts , au contraire , marquent la méchanceté , la cruauté , la fourberie ; le
ferpent en eft la preuve. La mâchoire inférieure ,
quand elle eft arrondie , a quelque chofe d'efféminé ; l'air mâle demande plutôt qu'elle foit tant foit
peu carrée. L'extrémité du menton chez quelque
perfonne eft partagée de manière à former une élévation ; quand elle eft très-fenfible , c'eft un figne de
mauvaife foi ; quand elle eft heureufement proportionnée , elle n'eft pas fans grace , & a même
quelque chofe d'attrayant.

De petites lèvres avec une grande bouche , de
manière que les deux mâchoires foient à peine
diftinguées , annoncent de la grandeur & de la fierté
dans l'ame ; car tel eft le lion : fi la bouche était
petite , ce ferait de la fauffeté & un manque de

courage : quand la bouche n'eſt point trop en
avant, c'eſt aſſez bonne marque ; ſans cela elle
annoncerait de l'impudence, de l'indiſcrétion & de
la folie ; quand elle eſt trop enfoncée, elle prouve
de la puſillanimité & de l'inconſéquence.

Une petite bouche va mieux à la femme, &
convient à ſon caractère ; la grandeur de la bouche
a quelque choſe de noble qui ſied à l'homme ;
quand elle eſt trop fendue, comme l'eſt celle des
chiens, elle marque un glouton, un fou, un impudique : ſi les dents ne ſont pas cachées par les lèvres,
c'eſt qu'on eſt inſolent, méchant, qu'on aime uniquement à médire & à publier les défauts ſecrets
de ſes ſemblables. Ceux qui ont la bouche très-
ſortante, les lèvres très-groſſes & très-en dehors,
retracent dans leurs caractères & dans leurs actions
l'animal impur auquel ils reſſemblent : ſi la lèvre
ſupérieure couvre la lèvre inférieure, c'eſt un ſigne
de prudence ; ſi c'eſt le contraire, le caractère eſt
aſſez bon, mais l'eſprit eſt léger & inconſtant ; une
petite bouche un peu en dehors marque la méchanceté & la trahiſon ; quand elle eſt rentrée &
qu'elle forme une eſpèce de creux, elle prouve
de la jalouſie, de la méchanceté, & ſur-tout une
conduite licencieuſe.

Quand le bout du nez eſt mince, c'eſt la marque
d'un homme facile à irriter ; gros & écraſé, il an-

once des mœurs corrompues ; s'il eſt court &
arrondi il marque la vigueur & la fierté ; car tel
eſt celui du lion & des chiens de bonne race : un
nez long & mince a quelque conformité avec le
bec des oiſeaux ; la même reſſemblance doit ſe
trouver dans le caractère : un nez dont l'extrémité
eſt un peu relevée, ne va pas mal à l'homme ;
il annonce de l'eſprit & du courage ; le contraire
eſt la marque d'un efféminé & d'un ignorant ; un
long nez annonce un homme peu maître de ſa
langue ; en général cependant les longs nez ſont
préférables ; ceux qui ſont extrêmement petits marquent du penchant à voler, & de l'inconſéquence
dans les idées. Les nez aquilins ont quelque choſe
de grand & de majeſtueux ; les nez camus annoncent des paſſions vives. Les narines très-ouvertes
reſpirent le courage & la force ; le fou les a ordinairement rondes & retrécies. Un nez de travers
vous dit ce que vous devez penſer de l'eſprit &
des idées.

Un front étroit eſt le ſigne preſqu'infaillible d'un
eſprit bouché ; il marque outre cela de l'indolence
quand il eſt uni : un front large marque de la ſenſibilité, & beaucoup de facilité pour apprendre ;
cependant qu'il ne ſoit ni trop plat ni trop uni,
car c'eſt un ſigne de molleſſe ; ni trop bombé & trop
élevé, car il marquerait de la dureté dans les ſentiments & de l'imprudence. Défiez-vous de ceux qui

rident leur front ; ce font prefque toujours des
gens peu fûrs & dangereux par leurs intrigues ; c'eft
quelquefois là auffi un fymptôme de phrénéfie ;
mais vous ne devez y croire, que d'après le témoignage des autres fignes. Un front carré, dont
la grandeur eft proportionnée au refte de la figure,
eft du plus heureux augure ; il caractérife un homme
d'efprit, des fentiments nobles & élevés : ramener
fon front fur fes yeux en fronçant les fourcils marque
de la fuffifance ; un front mobile & toujours en
mouvement annonce de l'indifférence.

De groffes joues très-charnues indiquent un buveur ou un homme indolent ; les joues maigres, un
homme méchant & intrigant ; les joues pendantes
peignent la jaloufie ; quand elles font bien rondes
elles marquent de la fauffeté ; allongées, elles indiquent un homme inconféquent & fans fonds : en
général l'embonpoint du vifage annonce la vigueur
& la fanté. La maigreur eft ordinairement l'effet
d'un caractère changeant & inquiet. Quand le vifage
eft petit ne vous attendez pas à trouver de la grandeur dans le caractère : une trop grande figure annonce un efprit borné ou un fou. Les qualités du
cœur, l'élévation & la baffeffe des fentiments fe
peignent fur-tout fur le vifage : voyez comme fon
expreffion varie, comme viennent tour à-tour fe
fuccéder les ris, l'empreffement, le chagrin, la
douleur ; tantôt enjouée, tantôt férieufe, tantôt

languiſſante, tantôt animée; elle eſt le tableau de l'ame;
ſon autorité doit être ſans appel pour le phyſionomiſte ; quand le viſage & les joues ſont dans l'agitation, que le coup d'œil eſt farouche & hagard ,
c'eſt le ſigne ordinaire d'un fou ou d'un phrénétique ;
ſi l'œil eſt plus gai & plus vif, il annonce le goût
des plaiſirs & de la débauche.

Les grandes oreilles marquent un homme peu
ſenſible ; les petites un homme méchant & intrigant ; les fous les ont ordinairement très-petites ,
& comme écourtées ; l'homme ſenſé & brave les
a un peu carrées, & d'une grandeur médiocre ;
quand la conque eſt pleine de ſinuoſités , elle marque
du talent & de l'intelligence ; quand elle eſt plate
& unie elle annonce le contraire.

Une petite tête n'eſt jamais celle d'un homme
ſenſé & raiſonnable; quand elle eſt bien proportionnée , alors les qualités du cœur & de l'eſprit ſe
trouvent réunies aux graces de la figure ; ſinon elle
eſt plus déſavantageuſe aux ſentiments qu'à l'eſprit;
une groſſe tête ſuppoſe un eſprit borné & peu de
connaiſſances : ceux qui portent la tête de travers
ſont impudents ; la tête haute eſt le ſigne de la
ſuffiſance ; le derrière de la tête applati, annonce une
grande ame ; quand les deux côtés ſont un peu enfoncés, ils marquent l'impudence & la fauſſeté ; mais
la meilleure marque d'un eſprit juſte & d'une ame

grande, c'eſt ſi le front eſt un tant ſoit peu applati ;
& ſi la tête n'eſt ni trop groſſe ni trop droite.

La couleur de la peau & des cheveux eſt une
marque fort inſuffiſante pour décider un phyſionomiſte ; auſſi , ne peut-on jamais prononcer à coup
ſûr de quel pays eſt un homme , d'autant plus qu'il
n'eſt point de nation où il n'y ait des étrangers
d'incorporés. On voit , par exemple , des Africains
dans la Thrace , des Syriens en Italie , & ainſi de
pluſieurs autres peuples qui quittent leur ſol natal
pour habiter un climat étranger.

Les habitants du Nord ſont très-grands, leur
chevelure eſt blanche ou blonde , mais douce & fine ;
ils ont en général les yeux bleus, le nez fort court,
les jambes fort groſſes , la peau très-fine , & ordinairement un gros ventre ; ils ſont ſimples & pleins de
courage , mais ils ont peu d'eſprit, fort peu de paſſions , mais violents à l'excès pour ſatisfaire celles
qu'ils ont.

Les peuples du Midi ont les cheveux noirs &
crépus, les yeux noirs, les jambes minces; ils ſont
ignorants, fourbes , ruſés, inconſtants, pleins de
reſſources & fort adroits à conduire une intrigue;
les nations qui avoiſinent le Nord & le Midi ont
les qualités des peuples dont je viens de parler ; cependant leur reſſemblance augmente ou diminue à
raiſon de la diſtance.

Dans

Dans les peuples qui habitent les pays intermédiaires, on voit un mélange des qualités & des
défauts que l'on remarque dans les deux extrémités.
Les peuples de l'Orient & du Couchant, tiennent
des peuples du Midi & du Nord, plus ou moins,
suivant leur éloignement ; les nations qui habitent
le Couchant de la Lybie, & celles de l'Ibérie qui
avoisinent l'Océan, ne se ressemblent pas en tout;
cependant elles sont à-peu-près sous la même po-
sition ; les Africains ont plus de ressemblance avec
les Ethiopiens & ceux de l'Ibérie avec les Celtes.

Dans le midi regne une chaleur & une séche-
resse perpétuelle ; dans le Nord au contraire, les
froids & l'humidité ; à mesure que l'on s'approche
des deux extrémités, on reconnaît les différentes
Nations au changement des caractères & du climat ;
quelques personnes ont cru que les transmigrations
qui se sont faites des deux extrémités aux régions
intermédiaires, sont l'unique cause de ce mélange
de mœurs & de caractères.

D

I V.

OBSERVATIONS TIRÉES DES GESTES ET DU MAINTIEN.

En observant avec un peu de soin les Grecs & les Ioniens, on verra qu'ils ont, pour la plupart, une taille haute, les épaules larges, le corps sain & droit, les membres bien tournés, la peau assez blanche, les cheveux blonds; ils sont bien faits & bien proportionnés; leur cou est fort nerveu, leurs cheveux sont de couleur dorée, ainsi que leur barbe, & frisent naturellement; ils ont le front quarré, les lèvres minces, le nez un peu redressé, les yeux humides, jeaunes, pleins de feu; quant à l'extérieur, les Grecs sont plus heureusement partagés que les autres peuples.

D'après ce que l'on a dit, il est évident que le noir marque un caractère craintif, intrigant; le blanc tirant sur le jaune annonce la force & le courage; le blanc vif & éclatant n'est pas du tout un signe de mollesse; la couleur de feu est l'indice d'un homme rusé & adroit; la pâleur, quand elle est naturelle, & qu'elle n'est pas l'effet d'une maladie, marque de la lâcheté & une méchanceté cachée; le jaune tirant sur le miel, annonce la pusillani-

mité, la gloutonnerie, une humeur colère, &
beaucoup de babil; le rouge est la couleur d'un
homme furieux; quand il est moins foncé,
il marque un homme facile à émouvoir, mais
heureufement partagé pour l'efprit & pour le
cœur. Voilà ce qui regarde le corps entier; quant aux
différentes parties, la rougeur de la poitrine marque
une colère concentrée; d'autres fois les veines du
cou & les tempes fe gonflent, & toute la peau
eft couleur de fang; la rougeur du vifage marque
l'impudence; celle des joues marque un buveur;
pour ce qui regarde les yeux, quoique je me fois
déjà affez étendu fur cet article, on trouvera plus
bas ce qui me reftoit à en dire.

Les yeux couleur de fang, quand ils font fecs,
marquent un homme colère; quand ils font humides, un ivrogne; les yeux bleus ont quelque
chofe de féroce; les yeux noirs font plus doux;
auffi cette dernière couleur eft affectée en quelque
forte aux animaux tranquilles; l'autre au contraire eft
celle des bêtes & des oifeaux fauvages. Dans le
bleu, comme dans le noir, il y a différentes nuances
à obferver : le bleu foncé eft une marque de timidité, & de férocité quand il tire fur le jaune;
la couleur olivâtre annonce la vigueur; le noir
foncé marque la pufillanimité & l'artifice; quand
il eft plus clair, il annonce la vigueur & le cou-

rage ; les yeux très-brillants tels que ceux de la chèvre , prouvent de la folie ; les yeux rougeâtres marquent l'impudence , tels font ceux du chien ; ceux qui font pâles ou de couleur changeante , annoncent un homme défiant & peureux ; les yeux brillant d'un doux éclat , tels que ceux des oifeaux , refpirent la volupté.

Ceux dont les cheveux font crépus & frifés , font ordinairement fourbes ou lâches ; des cheveux trop droits annoncent de la dureté dans le caractère ; les plus favorables font ceux qui tiennent le milieu , car les deux extrêmes font également vicieux ; la roideur des cheveux prouve celle du caractère : les cheveux trop fins font prefque toujours une marque de mauvaife foi & de fauffeté ; des cheveux moelleux ont quelque chofe d'efféminé ; quand ils font noirs , ils vous annoncent un homme craintif , mais dont l'efprit eft fouple & délié ; s'ils font blonds & qu'ils tirent un peu fur le blanc , comme ceux des Celtes & des Scythes, ils marquent un homme faux , ignorant & groffier. Le blond clair eft un figne de douceur , cette couleur réunit ordinairement d'excellentes qualités, des talents pour les fciences , & de la dextérité pour les arts méchaniques ; le roux foncé & l'oranger font de mauvais augure , car les perfonnes impudentes , intéreffées , d'un caractère dur & fauvage , ont les cheveux de cette couleur-là .

Les gens groſſiers qui n'ont ni culture ni édu-
cation, ont ordinairement les jambes fort velues ;
quand les cuiſſes ſeules le ſont, on eſt ſûrement
libertin ; les poils ſur le ventre & la poitrine,
marquent la légéreté & l'impudence ; avoir le dos
& les épaules velues, c'eſt un trait de reſſemblance
avec les oiſeaux, auſſi preſque toujours eſt-on léger
& volage ; quand la poitrine ſeule eſt couverte ſous
une forêt de poils noirs & épais, c'eſt l'indice de
la duplicité, d'un homme réſolu & plein d'activité ;
le corps entier couvert de poils, caractériſe la force
& la vigueur du taureau ; quand les environs du
cou ſont très-velu, la force eſt réunie à la valeur.
Quand les cheveux s'avancent juſqu'au milieu du
front, & forment des deux côtés une eſpèce d'enfoncement, il eſt peu de marque plus ſûre de la
vigueur du corps & de la grandeur des ſentimens.
Chez quelques perſonnes les ſourcils s'abbaiſſent
du côté du nez & ſe relevent vers les tempes,
c'eſt un ſigne fort déſavantageux, car il leur eſt
commun avec les animaux les plus vils. D'épais
ſourcils vous peignent le caractère triſte & ſombre
d'un homme toujours abſorbé dans ſes. chagrins.

Voici à peu près ce que l'on peut dire des geſtes
& des divers mouvements du corps ; pour juger
des geſtes naturels, il faut ſuivre les principes ordinaires. Quant à ceux qui étudient & compoſent

D 3

leur extérieur, ils ne doivent pas pour cela éviter
l'œil perçant du phyſionomiſte; on peut partager
ces derniers en trois claſſes; les uns veulent de-
venir puiſſants, briguent les dignités & les premières
charges, ou les mariages les plus diſtingués, auſſi
les voit-on faſtueux & prodigues, économes &
modeſtes, enjoués ou ſérieux, ſuivant le caractère
de ceux à qui ils ont à plaire; d'autres uniquement
occupés du ſoin de leur perſonne, cherchent à ſé-
duire la jeuneſſe, à la porter à leurs plaiſirs, &
prétendent à l'honneur d'exercer ſur les hommes
l'empire qui eſt réſervé aux femmes.

La troiſième claſſe eſt de ceux qui, mous &
effiminés par caractère veulent paraître hommes,
mais ils ſe trahiſſent aiſément; cette démarche,
ce ton de voix, ce coup d'œil affecté, ne peuvent
longtemps en impoſer; à la première inquiétude,
à la première crainte le maſque tombe, & les
voilà devenus ce qu'ils étoient auparavant; il eſt
bien difficile de rendre naturel ce caractère em-
prunté. Celui que vous voyez marcher à grands
pas, eſt noble, généreux & plein d'activité; ceux
au contraire qui marchent à petits pas, ſont toujours
indécis, aiment à médire; d'autres fois ils ſont intéreſſés, cachés dans leur conduite, & font tout
avec myſtère. Un maintien diſtingué, des geſtes
vifs mais faits à propos, vous dénotent un homme
entreprenant, hardi; plein de chaleur & de réſo-

lution ; celui dont la démarche eſt précipitée, dont le regard eſt timide & en-deſſous, dont tout le corps, en marchant, eſt contraĉté, eſt craintif, méchant, attaché à l'argent, il n'a ni nobleſſe, ni élévation dans les ſentiments : quand à une démarche précipitée, ſe joint une tête toujours en mouvement, des yeux troublés, une reſpiration entrecoupée, à ces marques reconnoiſſez un homme dont les crimes les plus affreux ne peuvent effrayer l'audace ; de petits pas vîtes & preſſés annoncent l'avidité du gain, la méchanceté & l'excès de la lâcheté ; une démarche lente, quand elle eſt naturelle, annonce la même lenteur dans la conduite, de la réflexion, de la douceur dans le caraĉtère, à moins que d'autres ſignes plus dignes de foi ne détruiſent l'autorité de celui-là ; quand cette lenteur eſt affeĉtée, qu'on fait exprès de s'arrêter en marchant, & de tourner la tête de côté & d'autre, avec un air de grandeur & de ſupériorité, c'eſt qu'on eſt naturellement fier & orgueilleux, ou même impudique ; il n'eſt pas inutile d'examiner à chaque poſition du corps le mouvement des pieds & des mains. Le mouvement des épaules, quand le dos eſt un peu voûté, donne un air de nobleſſe, c'eſt là la démarche du lion ; ſe redreſſer, ſe rengorger en marchant, marque la fierté & la ſuffiſance, c'eſt-là le port du cheval : c'eſt ainſi que le phyſionomiſte doit mettre à profit les traits de ressemblance que l'homme a quelquefois avec des animaux.

La démarche nonchalante de ceux qui, en marchant, ont les épaules & tout le corps en mouvement, convient mal à des hommes. Quand le corps se tourne du côté droit, c'est un signe de mollesse ; à gauche, c'est de la folie. La tête basse & le corps panché est le maintien du flatteur, c'est la posture du chien quand il flatte & caresse son maître.

Une respiration unie & presqu'insensible est celle de l'homme inquiet ; quant au sujet de son inquiétude, ce sont les yeux qu'il faut consulter ; quand elle est soutenue, mais forte, de manière que les poumons paraissent gonflés & se décharger avec abondance, c'est-là le signe du chagrin ; quand la respiration sort avec effort, & qu'elle est accompagnée d'un mouvement de tête, c'est l'effet du repentir ; quand les yeux sont immobiles, alors c'est plutôt l'idée de l'avenir qu'un retour sur le passé qui afflige ; une respiration libre & sans effort annonce le calme de la conscience ; quand elle est forte & inégale, elle dénote un buveur ou un homme rustre & grossier ; les asmatiques, dont la respiration est toujours pressée comme après une longue course, sont indécis, peu courageux, capables de tout faire, comme de tout dire ; ceux dont l'haleine

fort par élan & avec bruit par le nez, font pu-
fillanimes & fans cœur, ils font quelquefois efféminés, mais ce n'eft qu'autant que les autres fignes
s'accorderoient avec celui là.

Une voix creufe & caffée annonce l'extravagance,
l'orgueil ou la gloutonnerie ; l'homme froid & in-
fenfible l'a grêle & trainante ; ceux dont la voix
grave en commençant, fe termine par un fauffet
aigre & perçant, font durs & colères ; ceux qui
parlent du gofier font légers & changeants ; la mo-
leffe eft peinte dans un fon de voix doux, éclatant
& argentin ; une voix creufe & rude marque de la
grandeur dans l'ame, de l'élévation dans les fentiments, & beaucoup de droiture.

La douceur de la voix accompagne prefque toujours celle du caractère ; ceux dont la voix eft perçante, aiguë & femblable au cri des oifeaux, font
foux, vains & inconftans ; quand elle eft faible
& plaintive, elle indique infailliblement un homme
chagrin, intéreffé & foupçonneux, une voix forte
mais caffée eft celle des homme colères, violents,
injuftes & mifantropes ; faible & perçante, elle
marque de l'indolence & de la timidité ; ceux qui
parlent vite font ordinairement irréfolus & peu ré-
fléchis ; une voix aigre eft un figne de méchanceté ;
en général, quand la voix reffemble à celle de quel-

qu'animal, il faut prononcer sur la conformité du caractère d'après celle de la voix, car elle peut tenir de celle du chien, du singe, de l'âne, de l'ours, &c. Il faut sur-tout retenir que dans les gestes, la voix, la couleur de la peau ou des cheveux, &c. les extrêmes ne sont jamais louables, rien n'est plus à desirer que de le tenir dans un juste milieu.

F I N.

ÉLOGE

DE LAVATER

COMPARÉ AVEC DIDEROT,

Par M. Meister.

J'ai osé jeter sur la tombe du philosophe Diderot, quelques fleurs que l'envie n'a point encore fanées : qu'il me soit permis d'offrir aujourd'hui un léger hommage à la mémoire d'un de mes plus dignes concitoyens, de mon respectable ami Lavater.

Quelques différentes qu'aient été leurs opinions sur le premier objet de notre croyance, il y eut entre ces deux hommes célèbres plus d'un rapport remarquable. Le plus sensible, celui qui me fit trouver tant de charmes dans mes liaisons avec l'un et l'autre, c'est le caractère d'enthousiasme et de bonté qui distinguoit également leur ame et leur génie : tous deux ont beaucoup écrit, et tous deux eurent des talens très-supérieurs à leurs ouvrages ; tous deux eurent dans leur genre une

E

éloquence entraînante et originale, et surent se
créer une langue analogue au caractère de leur
imagination ; tous deux furent dominés par cette
dernière faculté ; tous deux, sans peut-être s'en
douter, eurent le besoin de faire secte ; et furent
doués des qualités les plus propres à réussir. Tous
deux avoient reçu de la nature l'avantage d'un
extérieur plein de noblesse et d'intérêt : si l'un
avoit la plus belle tête de philosophe qu'on pût
voir, celle de l'autre eût pu servir de modèle à
la figure du plus édifiant des apôtres.

Si Diderot n'avoit pas eu le malheur d'être
athée, la sensibilité de son ame eût été plus douce
et plus vraie ? les conceptions de son génie auroient
été moins sombres et moins irrégulières.

Si Lavater avoit été moins dévot ou moins
théologien, son imagination eût été plus variée
et plus brillante ; la suite de ses idées plus ferme,
plus liée, plus étendue. Il eût moins écrit sans
doute ; mais ses productions auroient atteint plus
de grandeur et plus de maturité. Il eût obtenu
plus d'admiration ; mais peut-être eût-il mérité
moins de reconnoissance : le cours entier de sa
vie eût été tout à la fois moins célèbre et moins
utile.

Le théologien, ainsi que le philosophe, pensoient
que l'existence de Dieu et l'immortalité de l'ame

ne pouvoient être établies par les preuves du rai-
sonnement ; mais grâces au secours du sentiment,
d'une raison supérieure à toutes nos abstractions
systématiques et d'une foi plus élevée encore, le
théologien n'en avoit pas moins acquis la convic-
tion la plus parfaite de ces vérités si consolantes,
lorsque le philosophe s'obstinoit à voir uniquement l'abus sacrilège qu'en firent dans tous les
siècles l'hypocrisie et l'ignorance, la tyrannie et
l'esclavage, le fanatisme et la superstition.

L'un et l'autre aimèrent passionnément les
beaux-arts, et plusieurs de leurs écrits prouvent
avec quelle sagacité l'un et l'autre en avoient
médité les principes. Mais tous deux ne cessèrent
de porter dans leurs jugemens sur les productions
de l'art, un esprit de systême et des préventions
de faveur. L'un jugeoit de tous les tableaux en
poëte dramatique, et l'autre en observateur physionomiste.

Le philosophe et le théologien furent tour-
mentés du desir de propager les opinions qu'ils
croyoient utiles aux hommes ; mais bien plus
ore du besoin de secourir l'indigence et de
soler le malheur ; lorsqu'il s'agissoit d'arriver
à ce dernier but, il n'en coûtoit pas plus à l'athée
de recourir aux hommes les plus dévots, qu'il
n'en coûtoit au pasteur de s'adresser aux mon-
dains les plus incrédules.

Si Diderot fut doué par la nature d'une plus grande force de tête et de talent, je crois que Lavater le fut d'une plus grande puissance d'action et de volonté, d'une âme plus douce, plus ardente, plus énergique et plus expansive : mais chez l'un et l'autre, il y eut peut-être une si grande abondance de ressources et de moyens, que cet excès même de richesse fut nuire à leur sage distribution ; et les empêcha souvent d'en faire le choix le plus convenable, l'emploi le plus heureux.